minokamo 長尾明子

つつむ料理

技術評論社

家にあるもので気軽に
「つつむ料理」

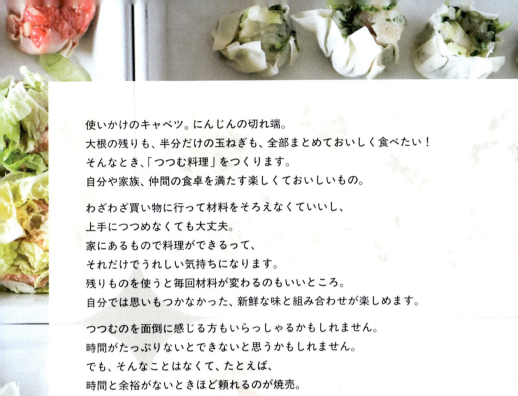

使いかけのキャベツ。にんじんの切れ端。
大根の残りも、半分だけの玉ねぎも、全部まとめておいしく食べたい！
そんなとき、「つつむ料理」をつくります。
自分や家族、仲間の食卓を満たす楽しくておいしいもの。

わざわざ買い物に行って材料をそろえなくていいし、
上手につつめなくても大丈夫。
家にあるもので料理ができるって、
それだけでうれしい気持ちになります。
残りものを使うと毎回材料が変わるのもいいところ。
自分では思いもつかなかった、新鮮な味と組み合わせが楽しめます。

つつむのを面倒に感じる方もいらっしゃるかもしれません。
時間がたっぷりないとできないと思うかもしれません。
でも、そんなことはなくて、たとえば、
時間と余裕がないときほど頼れるのが焼売。
タネをスプーンですくって皮にのせ、キュッとつつめばあとは蒸すだけ！
自炊にはもちろん来客があるときも大助かりです。

まだつくったことがない方は、一度でいいからぜひお試しを。
口を閉じる餃子よりもじつは簡単だったと
感じてもらえるのではないでしょうか。
手が慣れてくるほどますますつくるのがラクに、楽しくなってきます。

今日はひとりだから、残りもので簡単につつむ料理。
明日は友達家族が来るから、旬の野菜を使ったつつむ料理。
来週はお弁当の日があるから、冷めてもおいしいつつむ料理。
いろんな食卓に寄り添ってくれる、つつむ料理。

さあさあ、なんでもつつんじゃいましょう！

minokamo

CONTENTS

2 　**はじめに**　家にあるもので気軽に「つつむ料理」
8 　なんでもつつんじゃおう！

基本のつつみ方

10 　①焼売をつつむ
12 　②餃子をつつむ
14 　③春巻きをつつむ

基本の蒸し方

16 　焼売　せいろの場合
17 　焼売　フライパンの場合

基本の焼き方

18 　餃子

基本の揚げ方

19 　春巻き

［ この本について ］

・計量単位は大さじ1＝15㎖、小さじ1＝5㎖です。適量と表記されている場合は少量ずつ様子を見ながらおつくりください。

・焼売、餃子、ワンタンの1個あたりの重さは、皮を含まないタネの重さで表記されています。

・使用する皮が表記されているサイズと異なる場合も、レシピ通りにおつくりいただけます。

・野菜を洗うなどの手順は一部割愛していますので、各自の判断でお願いします。

・油という表記がある場合は、植物油（白ごま油、オリーブオイル、米油、なたね油、サラダ油のいずれか）をお使いください。手元にある油で構いません。

焼売の皮でつつむ

あつあつのうちに、めしあがれ！

- 26 　にんじんみそ焼売
- 27 　まるごとトマト焼売
- 28 　たっぷりほうれん草焼売
- 29 　白菜つつみ焼売
- 30 　大根と鶏肉の焼売
- 32 　すきやき焼売
- 34 　鱈(たら)と三つ葉の香り焼売
- 36 　えび三つ葉焼売
- 38 　粒マスタード焼売
- 40 　えのきと鶏の和焼売

餃子の皮でつつむ

ほぼ野菜餃子、焼き上がりました！

- 48 　ほぼセロリ餃子
  　　ほぼ白菜餃子
- 49 　ほぼキャベツ餃子
  　　ほぼ春菊餃子
- 50 　うまみたっぷりなす餃子

ほぼ肉100%、肉肉しい餃子です

- 54 　豚肉しょうゆ餃子
  　　あいびきソース餃子
- 55 　鶏いそべ餃子
- 56 　サモサ餃子
- 58 　さばと玉ねぎの揚げ餃子

5

春巻きの皮、
ワンタンの皮、
ライスペーパーでつつむ

3

64	肉とレーズンの春巻き　シナモン風味
68	舞茸と鶏肉の春巻き
69	春菊とみそ豚春巻き
70	大根だけ春巻き
72	なすと生姜あんの春巻き
74	枝豆ワンタン
76	黒酢ワンタン
78	きのこあんかけ揚げワンタン
80	スープワンタン
82	ちくわときゅうりの生春巻き
84	えびとニラのとろーり生春巻き
86	りんごとにんじんの生春巻き

手づくりの皮でつつむ

4

ふっくら生地

92	イーストの生地／ベーキングパウダーの生地
94	肉まん
	肉まんのつつみ方
100	ピロシキ
102	カレーパン
104	胡椒餅
108	3種のおやき　なす／かぼちゃ／切り干し大根
	おやきのつつみ方

もちもち生地

110	もちもち生地
112	春餅
114	トルティーヤ
116	きゅうりの水餃子
118	トマト煮水餃子
120	ネパール餃子 モモ
122	**米粉でつつむ**　バインセオ

つつむ料理便利帖

20	① 足りないときは足せばいい
42	② たれもつくればよりおいしい
60	③ 残ったタネの使い方
88	④ 残った皮の使い方
124	⑤ つつむ料理をつつむ
126	手で「つつむ」から、思いが伝わります

なんでも つつんじゃおう！

皮とタネの組み合わせによってさまざまなおいしさをつくり出せるのが「つつむ料理」の魅力です。手に入りやすい市販の皮を上手に使って、気軽につつんでみてくださいね。

焼売の皮
標準で8〜10cm四方の四角形。厚さ0.5〜0.6mm。大判サイズもある。タネの種類や好みに合わせて皮の大きさを変えると楽しい。

餃子の皮
標準で直径8〜9cmの円形。厚さ1.1mm。大判サイズもある。焼き餃子は市販の皮を、水餃子は手づくり生地を使うのがminokamo流。

春巻きの皮
標準で19〜20cmの四角形。厚さ0.4〜0.5mm。ミニサイズもある。パリパリ、サクッの食感は強力粉を使用しているため。加熱されており生食可。

ライスペーパー
標準で直径22cmの円形。12cm、31cmなどの種類がある。米粉かタピオカでんぷんでつくられており、もちもち食感。

手づくりの生地
本書ではイーストを加えて発酵させるふっくら生地と、発酵なしですぐに食べられるもちもち生地の2種類を紹介。

ワンタンの皮
標準で8〜10cm四方の四角形。厚さ0.5〜0.6mm。かんすいが入っており、ゆであがりのつるんとなめらかな食感が特徴。焼売と兼用できるものも。

基本のつつみ方①

焼売をつつむ

「つつむ料理」の中でも特につつみやすいもの、それが焼売です。意外かもしれませんが、皮を折りたたまずにぎゅっとにぎって形を整えるだけなので、慣れるととても手軽にできるメニューです。餃子はつくるけど、焼売は未体験という方は、ぜひチャレンジしてみてくださいね。

1 大きめのスプーン1杯分のタネをすくう。

2 手の上においた皮の中央にのせる。

完成！
タネ全体が皮につつまれていればOK。皿やまな板におくときに底を平らにすると、蒸し器の中で安定します。

3 親指と人差し指でタネをつつむように輪をつくり円形状に成形する。

4 スプーンで上部を軽く押して平らにしたらできあがり。

基本のつつみ方②

餃子をつつむ

これまでにつくったことのある「つつむ料理」の第1位は餃子ではないでしょうか。ひだの数や向きなどに決まりはないので、ぜひ自分らしいつつみ方でどうぞ。minokamo流は左向きに3回たたむ、こんな感じです。

1 スプーンでタネをすくい、手の上においた皮の中央にのせる。

2 フチに水をぬり、皮を上下に折りたたむ。

完成！
タネが飛び出さず、口がしっかり閉じていればOK。器やフライパンに並べるときは向きを合わせると見た目がきれいです。

3 指でひだをつくりながら形を整え、皮の端に水をつけて口を閉じる。

4 できあがった餃子は底が器につきやすいので、すぐに加熱しない場合は打ち粉をするかクッキングシートを敷いて並べておく。

| 基本のつつみ方③ |

春巻きをつつむ

揚げ春巻きも、生春巻きも、基本的につつみ方は同じです。できあがったものを半分に切って盛りつける場合も多いので、タネをゆるみなくしっかりと巻くように意識すると、見ばえよく仕上がりますよ。

[ポイント]
・春巻きの皮は常温に戻してから使うと1枚ずつはがしやすい
・ツルツルの面が外側になるよう、ザラザラの面にタネをのせる
・タネが熱いとつつむときに皮がやぶけやすいので、しっかり冷ます

1 まな板に角を手前に皮をおいて、タネを中央より少し手前に細長くのせる。

2 手前、左右の順に皮をたたむ。

14

完成!
タネが飛び出さず、口がしっかり閉じていればOK。

3 手前から奥へつつんだ部分を転がして細長く成形する。

4 皮の端に水溶き片栗粉をつけて、口を閉じる。

| 基本の蒸し方 | せいろなどの蒸し器を使うのが定番ですが、ご自宅にない場合はフライパンでも上手にできます。どちらの場合も、野菜を一緒に蒸すと副菜まで同時にできて一石二鳥。 |

焼売

◎ せいろの場合

1 せいろの大きさに合った鍋（中華鍋・両手鍋などなんでも）に水を入れて強火にかける。

※ せいろよりも大きい中華鍋で蒸すこともできます。中華鍋のカーブが小さいセイロも受け止めてくれます。

2 せいろと焼売がつかないよう、クッキングシート（もしくは白菜・キャベツなどの葉物野菜）を敷く。

3 少しずつ間隔をあけて、全体に焼売を並べる。

4 沸騰した鍋の上に**3**をのせてふたをし、7分ほど蒸す。

◎ フライパンの場合

1 フライパンと焼売がつかないよう、もやし（白菜・キャベツなどの葉物野菜でも可）を敷く。

2 少しずつ間隔をあけて、全体に焼売を並べる。

3 焼売にかからないよう、フライパンのふちから水100mlを入れる。

4 ふたをして強火にかけ、湯気が出てきたら中火にして7分ほど蒸す（途中で水分がなくなったら足す）。

| 基本の焼き方 |

餃子

餃子の調理法は数あれど、定番の「焼き」が好きな方も多いでしょう。今回はくっつきにくい表面加工ありのフライパンを使っていますが、鉄のフライパンでも可能です。その場合は最初の加熱をしっかり、油を多めにしてくださいね。

1 フライパンに油を入れ、餃子をひとつ入れ、餃子でフライパン全体に油をなじませる。中火にかけ、餃子を並べる。

2 ジリジリ音がして少し加熱したらフライパンのふちから水100mlを入れ、ふたをする。強火にして5分ほど蒸し焼きにする。

3 水分がなくなったらふたをはずし、フライパンのふちから油をまわしかけて10秒〜20秒ほど下面に焼き色をつける。

4 皿を餃子の上にのせて手を添え、フライパン全体をひっくり返すようにして盛りつける。

※ 皿に盛りつける前に、餃子がフライパンにくっついているときは、ヘラではがしておく。

> 基本の揚げ方

春巻き

揚げ春巻きはつつむ前のタネに火が通っている、もしくはそのままでも食べられるものをタネにする場合がほとんどです。そのため揚げる際は、皮に揚げ色をつけるだけでOK。少量の油で気軽にできるので、揚げもの初心者にもおすすめです。

1 フライパンに油を高さ1cmほど入れて中火にかけ、間隔をあけて春巻きを入れる。

2 強めの中火で両面にこんがりと色がつくよう、ひっくり返しながら揚げる。

3 網などの上においてよく油を切る。

つつむ料理便利帖①

足りないときは足せばいい

今日はひき肉がちょっと足りないから、つつむ料理がつくれない？
——いえいえ、そんなことはありません。
足りないときは家にあるものを足して、あなた流につつんでください。

つつむ料理は「冷蔵庫にあるもの」でできます。使いかけの豚コマ、野菜の端っこ、おかずの残り。まとめてつつむ料理にしちゃいましょう！ レシピ通りの材料でなくていいんです。ひき肉がなければある肉を細かくたたいて使えばいい。水切り豆腐でも、ツナ缶でも、どんどんアレンジしてください。

野菜はお好みで数種類を混ぜてOK

野菜の総量をレシピと同じにすると覚えましょう。たとえば材料に「白菜」と書いてあっても、「小松菜」や「キャベツ」で代用可。中途半端に残った数種類の野菜を少しずつ混ぜてもいいですね。肉が足りないときは、きざんだ野菜で代用したり、ほかの肉を混ぜてつくっても。

そうだ、足りないならば、足せばいい

何を混ぜるか迷ったら、玉ねぎを！

常備野菜に玉ねぎはありますか？ 日持ちがするし、使える料理の幅も広いので重宝しますよね。つつむ料理にもぜひ玉ねぎを使ってみてください。あと少し野菜が足りないなと思ったら、入れるべきはまず玉ねぎ。どんな野菜ともなじんでおいしくできます。

タネがまとまらなければ片栗粉を少々

焼売や餃子のタネがまとまりにくいと感じたら、片栗粉を少し入れてみてください。特に肉よりも野菜が多いものは、混ぜる前に野菜に片栗粉をまぶしてから肉と混ぜ合わせるのがおすすめ。野菜から水分が出るのを防いでおいしさを閉じ込めてくれます。

焼売の皮 で つつむ

1

湯気が立ち上る蒸したての焼売は、minokamo定番のおもてなし料理のひとつ。旬の野菜をたっぷり召し上がっていただきたいから、肉と野菜のバランスは野菜が多め。色あいにも食感にも差が出て、見た目もかわいく仕上がりますよ。せいろごとテーブルに出したときのみんなの歓声が、私のひそかな楽しみです。

あつあつの
うちに、
めしあがれ！

にんじんみそ焼売／まるごとトマト焼売
たっぷりほうれん草焼売／白菜つつみ焼売

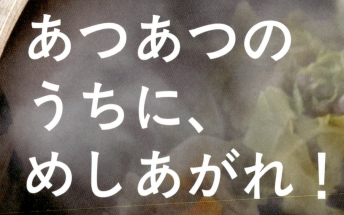

焼売

焼売のタネをみそで味付け。
しょうゆの下味が定番ですが、じつはみそもおいしいんです。

にんじんみそ焼売

材料
1個あたり約25g、10個分

豚ひき肉 ―― 100g
玉ねぎ ―― 100g
にんじん ―― 50g
片栗粉 ―― 大さじ1と1/2
みそ ―― 大さじ1と1/2
しょうゆ ―― 大さじ1/2
焼売の皮 ―― 10枚

つくり方

1　玉ねぎ、にんじんはそれぞれみじん切りにしてボウルに入れ、片栗粉をまぶし混ぜる。

2　1に豚ひき肉、みそ、しょうゆを入れ混ぜる。

3　2を焼売の皮でつつみ、7分蒸す。

みそは少量のひき肉と混ぜてから加えると全体が混ざりやすい。

ミニトマトを半分に切ってのせるだけ。
トマトの酸味がソースなので、ぜひひと口でほおばって！

まるごとトマト焼売

材料
1個あたりタネが約10g、10個分

あいびき肉 〜〜 50g（豚でも可）
玉ねぎ 〜〜 50g
ミニトマト 〜〜 5個
片栗粉 〜〜 大さじ1と1/2
オイスターソース 〜〜 大さじ1
　（しょうゆ小2＋みりん小1で代用可）
しょうゆ 〜〜 小さじ1
塩 〜〜 2つまみ
焼売の皮 〜〜 10枚

つくり方

1　ミニトマトは半分に切る。玉ねぎは粗みじん切りにしてボウルに入れ、片栗粉をまぶし混ぜる。

2　1にあいびき肉、オイスターソース、しょうゆ、塩を入れ混ぜる。

3　2とミニトマトを焼売の皮でつつみ、7分蒸す。

タネは少なめ、トマトごとつつむ

ほうれん草と豚肉のうまみがベストマッチ！
緑たっぷりのビジュアルで元気が出ます。

たっぷりほうれん草焼売

材料
1個あたり約25g、10個分

豚ひき肉 —— 100g
玉ねぎ —— 100g
ほうれん草 —— 1束(約180g)
片栗粉 —— 大さじ1と1/2
みそ —— 大さじ1
しょうゆ —— 大さじ1
焼売の皮 —— 10枚

つくり方

1 ほうれん草はさっとゆでてざるにあげ、あら熱をとる。手でしぼって水をきり、1cm幅にカットしてから、再度水をきる。

2 玉ねぎは粗みじん切りにしてボウルに入れ、片栗粉をまぶし混ぜる。

3 2に豚ひき肉、みそ、しょうゆを入れて混ぜ、よく混ざったら1を加えてさらに混ぜる。

4 3を焼売の皮でつつみ、7分蒸す。

ひき肉と調味料を混ぜてからほうれん草を入れるとなじみやすい。

白菜の葉を皮がわりにつつむヘルシー焼売。
肉のうまみがしみた白菜はご馳走です。

白菜つつみ焼売

材料

約10個分

豚ひき肉 〜〜 150g
白菜 〜〜 250g
片栗粉 〜〜 大さじ1
しょうゆ 〜〜 小さじ1
オイスターソース 〜〜 大さじ1

つくり方

1. 白菜は葉と中央の茎に分け、葉は長さ2cmに、茎は粗みじん切りにする。茎部分のみボウルに入れ、片栗粉をまぶし混ぜる。

2. 1に豚ひき肉、しょうゆ、オイスターソースを入れて混ぜる。

3. 2を10等分して丸め、白菜の葉を表面につけて、7分蒸す。

タネの白菜から水分が出るので、成形後は時間をおかずに蒸すのがポイント。

冬野菜の甘みと食物繊維がたっぷり。
ゴロゴロ入った角切り大根の食感を楽しめます。

大根と鶏肉の焼売

材料
1個あたり約25g、12個分

鶏ひき肉 〜〜 150g（豚でも可）
大根 〜〜 100g
玉ねぎ 〜〜 50g
片栗粉 〜〜 大さじ1と1/2
みそ 〜〜 大さじ1と1/2
しょうゆ 〜〜 小さじ2
焼売の皮 〜〜 12枚

つくり方

1 大根は1cm四方の角切り、玉ねぎは粗みじん切りにしてボウルに入れ、片栗粉をまぶし混ぜる。

2 1に鶏ひき肉、みそ、しょうゆを入れ混ぜる。

3 2を焼売の皮でつつみ、7分蒸す。

角切りの大きさは好みで調整を。

焼売 31

甘辛い牛肉をつつんだ贅沢なすきやき風味。
野菜なし、肉のうまみを存分に味わえます。

すきやき焼売

材料
1個あたり約20g、12個分

すきやき用牛肉 〜〜〜 250g
片栗粉 〜〜〜 大さじ2
しょうゆ 〜〜〜 大さじ2と1/3
みりん 〜〜〜 大さじ2
生姜 〜〜〜 1/2片
焼売の皮 〜〜〜 12枚

つくり方

1　牛肉は幅3cmに切る。生姜はみじん切りにする。

2　1に片栗粉、しょうゆ、みりん、生姜を入れてさっと混ぜ、12等分する。

3　2を焼売の皮でつつみ、7分蒸す。

2は肉のパックを使うと手軽にでき、洗いものも不要。

焼売 33

淡白な白身魚を和のハーブでキリッと上品に。
和懐石風に仕上げたちょっとおすまし焼売です。

鱈（たら）と三つ葉の香り焼売

材料
1個あたり約25g、10個分

- 鱈の切り身 〜〜 2切（150gを目安に）
- 玉ねぎ 〜〜 50g
- 三つ葉 〜〜 1束
  （40gを目安に。万能ねぎでも可）
- 片栗粉 〜〜 大さじ2
- 日本酒 〜〜 大さじ1
- オイスターソース
  〜〜 小さじ1（しょうゆでも可）
- 塩 〜〜 小さじ1/2
- 焼売の皮 〜〜 10枚

つくり方

1 玉ねぎを粗みじん切りにしてボウルに入れ、片栗粉をまぶし混ぜる。

2 1に、骨を除いて皮ごと5mm角の粗みじん切りにした鱈、長さ1cmに切った三つ葉、日本酒、オイスターソース、塩を入れ混ぜる。三つ葉は葉の部分を少しよけておく。

＊タネをよく混ぜると、鱈の身がほぐれてまとめやすい。

3 2を焼売の皮でつつみ、7分蒸す。仕上げによけておいた三つ葉の葉を散らす。

＊好みで柑橘類をしぼってかけても。

鱈の粗みじん切りは大きさにばらつきがあっても大丈夫。

焼売 35

粗くきざんだプリプリのえびが口の中ではじけます。
三つ葉のいい香りも食欲増進。

えび三つ葉焼売

材料
1個あたり約25g、10個分

むきえび 〜〜 150g
鶏ひき肉 〜〜 100g(豚でも可)
三つ葉 〜〜 1束
　（30g、青じそ10枚で代用可）
日本酒 〜〜 大さじ1
片栗粉 〜〜 大さじ2
しょうゆ 〜〜 大さじ1と2/3
焼売の皮 〜〜 10枚

つくり方

1　えびは2cm角に切ってボウルに入れ、日本酒をふりかける。三つ葉は長さ2cmに切る。

2　1のボウルに鶏ひき肉、片栗粉、しょうゆ、三つ葉を入れ、よく混ぜる。

3　2を焼売の皮でつつみ、7分蒸す。

混ぜる前

混ぜた後

えびは細かくしすぎないことでプリプリ食感に。

焼売

肉料理と相性のいい粒マスタードをふんだんに使用しました。
酸味と辛味がきいた大人の味わいをどうぞ。

粒マスタード焼売

材料
1個あたり約28g、10個分

鶏ももひき肉 〜 200g
玉ねぎ 〜 50g
粒マスタード 〜 30g
片栗粉 〜 大さじ2
しょうゆ 〜 小さじ1
焼売の皮 〜 10枚

つくり方

1. 玉ねぎは粗みじん切りにしてボウルに入れ、片栗粉をまぶし混ぜる。
2. 1に鶏ももひき肉、粒マスタード、しょうゆを入れ混ぜる。
3. 2を焼売の皮でつつみ、7分蒸す。

マスタードをこんなにいれるの？と驚いて！

うまみの隠し味は、かつおぶし。
きのことかつおに生姜を効かせた日本の味です。

えのきと鶏の和焼売

材料
1個あたり約25g、12個分

鶏ももひき肉 ―― 100g
えのき ―― 1株(200g)
片栗粉 ―― 大さじ2
しょうゆ ―― 大さじ1と1/2
みりん ―― 大さじ1
削り節 ―― 1.5g(小袋1袋)
生姜 ―― 1/2片
塩 ―― 2つまみ
焼売の皮 ―― 12枚

つくり方

1. えのきは根元を除き、1cm幅に切る。生姜はみじん切りにする。
2. 材料をすべてボウルに入れ、よく混ぜる。
3. 2を焼売の皮でつつみ、7分蒸す。

シャキシャキ食感で食べごたえあり

つつむ料理便利帖②

たれもつくればよりおいしい

つつむ料理はそのままでもおいしいですが、いろいろな味で楽しみたい方や、焼売と一緒に蒸した野菜にも使えるたれをご紹介します。

はちみつ＋酢＋豆板醤

甘い・酸っぱい・辛いを一度に味わえる、スイートチリソースのようなおいしさ。

［これにおすすめ！］
・ちくわときゅうりの生春巻き (P.82)
・きゅうりの水餃子 (P.116)

柚子胡椒＋油

まろやかな辛さ。なたね油や米油なら、柚子の香りも引き立ちます。

［これにおすすめ！］
・鱈と三つ葉の香り焼売 (P.34)
・ほぼセロリ餃子 (P.48)

塩＋山椒粉

山椒のピリッとした風味と香りがいいアクセントに。つつむ料理が大人の風味に。

［これにおすすめ！］
・えび三つ葉焼売 (P.36)
・豚肉しょうゆ餃子 (P.54)

梅＋甘酢

梅のフルーティな酸味が、野菜や果物と相性よし。暑い季節に食べたくなる味。

[これにおすすめ！]
・鶏いそべ餃子 (P.55)
・りんごとにんじんの生春巻き (P.86)

ナンプラー＋レモン

東南アジアの屋台のような食欲をそそる香り。パクチーをきざんで添えても美味。

[これにおすすめ！]
・白菜つつみ焼売 (P.29)
・きゅうりの水餃子 (P.116)

ケチャップ＋七味唐辛子

トマトの甘味に七味の刺激がよく合います。特にあいびきや豚肉とは相性抜群！

[これにおすすめ！]
・サモサ餃子 (P.56)
・舞茸と鶏肉の春巻き (P.68)

みそ＋マヨネーズ

クリーミーで濃厚な味わい。あっさり系の具材につけて食べると味変が楽しい。

[これにおすすめ！]
・えのきと鶏の和焼売 (P.40)
・大根だけ春巻き (P.70)

ウスターソース＋からし

とんかつを連想させる組み合わせ。揚げ物と合わせて豪快にいきましょう！

[これにおすすめ！]
・さばと玉ねぎの揚げ餃子 (P.58)
・ピロシキ (P.100)

そのまま食べても、たれをつけても、食べ方はあなた次第

餃子の皮

で つつむ

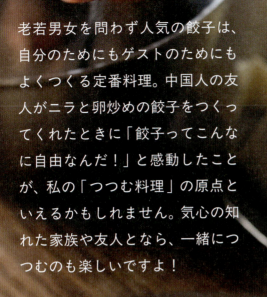

2

老若男女を問わず人気の餃子は、自分のためにもゲストのためにもよくつくる定番料理。中国人の友人がニラと卵炒めの餃子をつくってくれたときに「餃子ってこんなに自由なんだ！」と感動したことが、私の「つつむ料理」の原点といえるかもしれません。気心の知れた家族や友人となら、一緒につつむのも楽しいですよ！

ほぼ野菜餃子、焼き上がりました！

こんなに野菜がたくさん、と驚かれるかも。
お肉はうま味の手助けで少量に

ほぼセロリ餃子

ほぼキャベツ餃子

ほぼ白菜餃子

ほぼ春菊餃子

セロリの香りがどこか異国の味わい。
シャキシャキ食感で箸が止まりません。

ほぼセロリ餃子

材料
1個あたり約15g、25個分

豚ひき肉 〜〜〜 200g
セロリ 〜〜〜 150g(1本)
片栗粉 〜〜〜 大さじ1(入れなくても可)
日本酒 〜〜〜 大さじ1
みそ 〜〜〜 大さじ1
ごま油 〜〜〜 小さじ2
餃子の皮 〜〜〜 25枚

つくり方

1 セロリは葉ごと粗みじん切りにしてボウルに入れ、片栗粉をまぶし混ぜる。

2 1に豚ひき肉、日本酒、みそ、ごま油を入れ混ぜる。

3 2を餃子の皮でつつみ、焼く。

白菜は水をきることで300g→250gに。
みずみずしさはそのままに、おいしさをぎゅっと凝縮しました。

ほぼ白菜餃子

材料
1個あたり約15g、25個分

豚ひき肉 〜〜〜 100g
白菜 〜〜〜 300g
生姜 〜〜〜 1/2片
片栗粉 〜〜〜 大さじ1(入れなくても可)
みそ 〜〜〜 大さじ1
しょうゆ 〜〜〜 小さじ1
塩 〜〜〜 小さじ1
餃子の皮 〜〜〜 25枚

つくり方

1 白菜は長さ5cmに千切りして、ボウルに入れ、塩をまぶし混ぜる。20分ほどなじませしんなりしたら水をきり、みじん切りして、再度水をきる。

2 1に豚ひき肉、みそ、しょうゆ、みじん切りにした生姜、片栗粉を入れ混ぜる。

3 2を餃子の皮でつつみ、焼く。

浅草にある老舗の餃子をイメージしました。
この軽やかな食べ心地が好きです。

ほぼキャベツ餃子

材料
1個あたり約15g、25個分

鶏ももひき肉 〜〜 50g(豚でも可)
キャベツ 〜〜 400g
生姜 〜〜 1/2片
片栗粉 〜〜 大さじ1(入れなくても可)
塩 〜〜 小さじ2
しょうゆ 〜〜 小さじ2
餃子の皮 〜〜 25枚

つくり方

1　キャベツは長さ10cmほどの千切りにしてボウルに入れ、塩をまぶし混ぜる。5分ほどなじませしんなりしたら手で水分をよくきる。

2　1に鶏ももひき肉、みじん切りにした生姜、しょうゆ、片栗粉を入れ混ぜる。

3　2を餃子の皮でつつみ、焼く。

たっぷり春菊をきざんで材料と混ぜるだけ。
春菊の風味豊かに仕上がります。

ほぼ春菊餃子

材料
1個あたり約15g、18個分

春菊 〜〜 1束(170g)
豚ひき肉 〜〜 100g(あいびきでも可)
片栗粉 〜〜 大さじ1
しょうゆ 〜〜 大さじ1
餃子の皮 〜〜 18枚

つくり方

1　春菊は茎を長さ1cm、葉を長さ2cmに切ってボウルに入れ、片栗粉をまぶし混ぜる。

2　1に豚ひき肉、しょうゆを入れ混ぜる。

3　2を餃子の皮でつつみ、焼く。

ひき肉のうまみをたっぷり吸ったトロトロのなすが
たまりません！　生姜もいい仕事してますよ。

うまみたっぷりなす餃子

材料
1個あたり約15g、20個分

豚ひき肉 〜〜 100g
なす 〜〜 200g（2本）
生姜 〜〜 1片
酢 〜〜 小さじ1と$\frac{1}{2}$
みそ 〜〜 小さじ1
しょうゆ 〜〜 小さじ1
塩 〜〜 小さじ1
餃子の皮 〜〜 20枚

つくり方

1 なすは1cmの角切りにしてボウルに入れ、酢と塩をかけて混ぜる。10分なじませたら手で水をきる。

2 1に豚ひき肉、みじん切りにした生姜、みそ、しょうゆを入れ混ぜる。

3 2を餃子の皮でつつみ、焼く。

餃子　51

ほぼ肉100％、
肉肉しい
餃子です

肉だけなのでつくるのが
ほんとうに楽です！

ジューシーな肉団子をそのままつつんだような
ボリューム感。黒胡椒が合います。

豚肉しょうゆ餃子

材料
1個あたり約10g、10個分

豚ひき肉 —— 100g
生姜 —— 1/2片
片栗粉 —— 大さじ1
みりん —— 大さじ1
しょうゆ
　—— 大さじ1と小さじ1/2
餃子の皮(小) —— 10枚

つくり方

1　豚ひき肉、みじん切りにした生姜、みりん、しょうゆをボウルに入れて混ぜ、全体が混ざったら片栗粉を入れさらに混ぜる。

2　1を餃子の皮でつつみ、焼く。

甘辛ソースがあと引く餃子。
子どもも好きな味なので、お弁当にもぴったりです。

あいびきソース餃子

材料
1個あたり約10g、10個分

あいびき肉 —— 100g(牛肉でも可)
生姜 —— 1/4片
片栗粉 —— 大さじ1
ウスターソース
　—— 小さじ1と1/2
みりん —— 大さじ1
餃子の皮(小) —— 10枚

つくり方

1　あいびき肉、みじん切りにした生姜、ウスターソース、みりんをボウルに入れて混ぜ、全体が混ざったら片栗粉を入れさらに混ぜる。

2　1を餃子の皮でつつみ、焼く。

青のりの風味とオイスターソースのコクが相性よし。
餃子の新しいおいしさ！

鶏いそべ餃子

材料
1個あたり約10g、10個分

鶏ももひき肉 〜〜 100g
オイスターソース 〜〜 小さじ2
青のり 〜〜 大さじ1と$\frac{1}{2}$
餃子の皮（小） 〜〜 10枚

つくり方

1 鶏ももひき肉、オイスターソース、青のりをボウルに入れて混ぜる。

2 **1**を餃子の皮でつつみ、焼く。

インドの定番スナック「サモサ」風餃子。
スパイスの効いたじゃがいもがおつまみにも。

サモサ餃子

材料
1個あたり約15g、18個分

じゃがいも 〰〰 中2個(280g)
玉ねぎ 〰〰 50g
ピーマン 〰〰 1個
にんにく 〰〰 1片
カレー粉 〰〰 大さじ1と1/3
しょうゆ 〰〰 大さじ1
クミンシード
　　〰〰 小さじ1(なくても可)
バター 〰〰 小さじ1/4(なくても可)
餃子の皮 〰〰 18枚
油 〰〰 大さじ1
水 〰〰 大さじ2

つくり方

1 じゃがいもは皮をむいて半分に切り、600Wのレンジで4分加熱する(蒸しても可)。玉ねぎ、ピーマン、にんにくはみじん切りにする。

2 フライパンに油、クミンシード、にんにく、玉ねぎを入れて炒め、火が通ったらピーマン、しょうゆ、カレー粉、水を入れ混ぜる。

3 2にじゃがいもとバターを入れ、つぶしながら混ぜる。

4 3を餃子の皮でサモサ型につつむ。フライパンに油を高さ1cm(分量外)ほど入れ、ひっくり返しながら強火で揚げ焼きにする。

3方向から押すようにつつむとサモサ形になる。平らな餃子の形でも可。

買い置きの缶詰でできるのがうれしい。
レア仕上げの玉ねぎがおいしさの決め手です。

さばと玉ねぎの揚げ餃子

材料
1個あたり約20g、15個分

さば水煮缶 〜〜〜 130g（汁はのぞく）
玉ねぎ 〜〜〜 170g
みそ 〜〜〜 大さじ1と1/2
ごま油 〜〜〜 大さじ1と1/2
胡椒 〜〜〜 適量
餃子の皮（大判）〜〜〜 15枚

さばの水煮はよくほぐしてなめらかにするとつつみやすい。

つくり方

1 さばは汁をよく切り、玉ねぎはみじん切りにして、ボウルに入れる。

2 1にみそ、ごま油、胡椒を入れて、さばをほぐすように混ぜる。

3 2を餃子の皮でつつむ。ひだをつくってたたむのではなく、半分に折ったらフォークの先を使って押し付けるようにして口をとじる。フライパンに油を高さ3cm（分量外）ほど入れ、ひっくり返しながら強火で表面に揚げ色をつける。

つつむ料理便利帖③

残ったタネの使い方

タネが少量残ったときにつくりたい！
ひと手間加えておいしく食べきるレシピをご紹介します。

肉だんごにしてスープに

肉が多めのタネは、沸騰したお湯の中にそっとスプーンで落とし、野菜と一緒に鍋でひと煮立ちさせれば、簡単に肉だんご入りスープができます。野菜が多めのタネはそのままお湯の中に入れスープの具にするといいでしょう。仕上げに胡椒をかけたり、ごま油でコクを足しても。春雨や麺を入れれば、ランチや夜食にうれしい1品に。

炒めてそぼろに

こちらもひき肉入りのタネのアレンジ。フライパンを熱してうすく油をひき、中火で炒めます。焦げそうなら水を大さじ1ほど入れて、蒸し焼きにしても。しょうゆとみりんを適量入れたら、ごはんに合うそぼろのできあがり。

ごはんがあればチャーハンに

どんなタネでもできるもうひとつのおすすめはチャーハン。フライパンでタネを炒めて火を通してから、温かいごはんを加えて味を整え、強火でパラリと仕上げます。卵を加えたり、ごはんを麺に変えるなど、その日の気分でアレンジしてみて。

日替わりオムレツ

焼売、餃子、春巻き、手づくり生地のタネ、なんでもOK。火入れ前のものは炒めて、加熱済みのものはそのまま、卵と混ぜてオムレツにしましょう（これまた「つつむ料理」!）。チーズやトマトを加えてアレンジするのもいいですよ。

タネが残ったって、アレンジしちゃえば、立派なおかずに！

春巻きの皮、
ワンタンの皮、
ライスペーパー
で つつむ

3

「これが食べたい！」「これを食べさせたい！」というときにピンポイントでつくるメニュー。春巻きのちょっとすましたごちそう感はおもてなしにぴったりだし、ワンタンは寒い日の軽食にちょうどいいし、生春巻きはエスニック風の食卓の「あと一品！」に応えてくれます。意外とアレンジもしやすく、料理の幅を広げてくれること間違いなし。

フルーツの甘みと、ほんのりシナモンの香り。
ワインにもよく合います。

肉とレーズンの春巻き シナモン風味

材料

6本分

あいびき肉 —— 130g
玉ねぎ —— 50g
レーズン
　—— 40g（ドライプルーンでも可）
くるみ —— 15g（ほかのナッツでも可）
片栗粉 —— 小さじ1
日本酒 —— 大さじ1
酢 —— 小さじ2
しょうゆ —— 小さじ1
塩 —— 2つまみ
春巻きの皮 —— 3枚
シナモン粉 —— 適量（胡椒でも可）

つくり方

1 玉ねぎはみじん切りにする。レーズンは日本酒をかけてふやかす。くるみは粗くきざむ。春巻きの皮は半分に切る。

2 フライパンにあいびき肉と玉ねぎを入れて炒め、レーズン、くるみ、片栗粉、日本酒、酢、しょうゆ、塩、シナモン粉を入れ混ぜる。火を止めて冷ます。

3 2を春巻きの皮の手前側 $\frac{1}{3}$ に細長くのせてつつみ、揚げる。

両端は水溶き片栗粉をつけてラフにとじればOK。

春菊とみそ豚春巻き

舞茸の香りと食感を楽しみましょう。
ゴロッと具材がうれしい。

舞茸と鶏肉の春巻き

材料
3本分

鶏ひき肉 〜〜 50g
舞茸 〜〜 100g
長ねぎ 〜〜 1/2本
油 〜〜 大さじ1
オイスターソース 〜〜 大さじ1
　（しょうゆ大さじ1＋みりん大さじ2でも可）
塩 〜〜 少々
春巻きの皮 〜〜 3枚

つくり方

1　長ねぎはななめにうすく切る。舞茸はほぐす。

2　フライパンに油と鶏ひき肉、塩を入れて炒める。オイスターソースと舞茸、長ねぎを入れてさらに炒め、火を止めて冷ます。

3　2を春巻きの皮でつつみ、揚げる。

みそ豚と生の春菊の葉をそのままつつみました。
ほろ苦さがたまりません。

春菊とみそ豚春巻き

材料
3本分

豚バラスライス ―― 100g
春菊 ―― 2/3束
片栗粉 ―― 小さじ2
水 ―― 大さじ1
みそ ―― 大さじ1
みりん ―― 大さじ1
しょうゆ ―― 小さじ1
春巻きの皮 ―― 3枚

つくり方

1 豚バラ肉は長さ3cmに切る。春菊は葉と茎に分け、葉は5cmに、茎は1cmに切る。

2 フライパンに豚バラ肉を入れて炒め、火が通ったらフライパンの余分な油をふきとり、春菊の茎を入れてさらに炒める。あらかじめ混ぜておいたみそ、みりん、しょうゆ、片栗粉、水を入れ混ぜ、とろみがついたら火を止めて冷ます。

3 2と春菊の葉を春巻きの皮でつつみ、揚げる。

タネと春菊の葉は同量を目安につつむ。

春巻き 69

みずみずしい大根を味わうための春巻き。
隠しみそ味でタレいらず。

大根だけ春巻き

材料
4本分

大根 〜〜〜 300g
片栗粉 〜〜〜 大さじ2
みそ 〜〜〜 小さじ1
塩 〜〜〜 小さじ1
春巻きの皮 〜〜〜 4枚

つくり方

1 大根は皮つきのまま長さ5cmの繊維にそって千切りにし、ボウルに入れる。塩を混ぜて20分おく（スライサーでスライスして千切りにしてもよい）。

2 1の水をよくきり、片栗粉を混ぜる。

3 春巻きの皮の中央にみそを適量塗って2をつつみ、揚げる。

たっぷりの大根をつつみます

生姜をきかせたあんに、なすと鶏のうまみを閉じ込めて。カリットロッのバランスが絶妙です。

なすと生姜あんの春巻き

材料
3本分

鶏ひき肉 〰〰 50g
なす 〰〰 1本
生姜 〰〰 1/2片
片栗粉 〰〰 小さじ1
水 〰〰 大さじ2
しょうゆ 〰〰 大さじ1
油 〰〰 大さじ1
春巻きの皮 〰〰 3枚

つくり方

1　生姜はみじん切りにする。片栗粉は水で溶かしておく。なすは縦に4等分してから、長さ2cmに切る。

2　フライパンに油と鶏ひき肉を入れて炒める。なす、生姜、しょうゆを入れてさらに炒め、火が通ったら水溶き片栗粉を入れる。

3　2を春巻きの皮でつつみ、揚げる。

春巻き 73

タネに味がついているので、熱々をつるんとそのままどうぞ。
たっぷり入った枝豆の食感も楽しんで。

枝豆ワンタン

材料
1個あたり約10g、12個分

豚ひき肉 〜〜〜 70g
玉ねぎ 〜〜〜 30g
枝豆 〜〜〜 30g（ゆでて皮をむいたもの）
片栗粉 〜〜〜 小さじ1
しょうゆ 〜〜〜 小さじ1
オイスターソース 〜〜〜 小さじ1
ワンタンの皮 〜〜〜 12枚

つくり方

1 玉ねぎはみじん切りにしてボウルに入れる。

2 1に豚ひき肉、枝豆、片栗粉、しょうゆ、オイスターソースを入れて混ぜる。

3 2をワンタンの皮でつつみ、沸騰したお湯に入れて2分半ゆでる。

皮の中心にタネをのせ、三角にたたみながら中央にひだを寄せるイメージでつつんでいく。

ワンタン

下味なし、混ぜずにつつむ軽やかワンタン。
きゅうりのさっぱりが効いています。

黒酢ワンタン

材料

1個あたり約5g、15個分

豚ひき肉 ～～ 75g
きゅうり ～～ $\frac{1}{2}$ 本（長ねぎでも可）
黒酢 ～～ 大さじ2と$\frac{2}{3}$
しょうゆ ～～ 大さじ1
はちみつ ～～ 小さじ1（きび砂糖でも可）
ワンタンの皮 ～～ 15枚

つくり方

1 きゅうりは千切りにする。黒酢、しょうゆ、はちみつを混ぜてタ
レをつくる。

2 パックに入った豚ひき肉をそのままワンタンの皮でつつみ、沸
騰したお湯に入れて2分半ゆでる。

3 2をザルにあけて水を切る。器に盛ってタレをかけ、きゅうりを
のせる。

ワンタン 77

揚げたてカリカリはもちろん、
あんがしみてくったりしてもおいしいです。

きのこあんかけ揚げワンタン

材料

1個あたり約10g、18個分

豚ひき肉 〜〜 75g(鶏でも可)
えのき 〜〜 130g(1袋)
長ねぎ 〜〜 適量(万能ねぎでも可)
オイスターソース 〜〜 大さじ1
しょうゆ 〜〜 大さじ1
塩 〜〜 小さじ$\frac{1}{4}$
片栗粉 〜〜 小さじ2
水 〜〜 200㎖
ワンタンの皮 〜〜 18枚

つくり方

1 パックに入った豚ひき肉をそのままワンタンの皮でつつむ。えのきは根元をのぞき長さ1㎝に切る。

2 フライパンに油を高さ1㎝(分量外)ほど入れて、ひっくり返しながら中火で揚げ焼きにする。

3 **2**のフライパンの油を拭きとり、オイスターソース、しょうゆ、塩、片栗粉、水を入れて混ぜながら加熱する。沸騰したらえのきを入れてさっと混ぜ、火を止める。長ねぎを加えて**2**にかける。

ワンタン 79

即席並のうま味たっぷり鶏スープ。
麺を入れてもいいし、お酒の締めにもよく合います。

スープワンタン

材料
1個あたり約10g、15個分

鶏ももひき肉
　　　150g(鶏むねひき肉でも可)
長ねぎ 〜〜〜 1/4本(万能ねぎでも可)
しょうゆ 〜〜〜 大さじ1
塩 〜〜〜 少々
胡椒 〜〜〜 少々
水 〜〜〜 300ml
ワンタンの皮 〜〜〜 15枚

つくり方

1　パックに入ったままの鶏ももひき肉の半量をそのままワンタンの皮でつつむ。長ねぎは小口切りにする。

2　鍋に水と1の残りの鶏ももひき肉を入れ混ぜ火にかけ、アクが出ればとる。

3　2に1としょうゆ、塩を入れてひと煮立ちさせ、仕上げに長ねぎと胡椒をかける。

ひき肉はパックに入った状態でつつむと空気を含んでふんわり食感に。

おつまみのゴールデンコンビは、つつんでもやっぱりおいしい！
青じその香りがさわやかです。

ちくわときゅうりの生春巻き

材料
4本分

ちくわ ～～ 4本
きゅうり ～～ 2本
青じそ ～～ 4枚
ライスペーパー ～～ 4枚

つくり方

1 ちくわは縦半分に切る。きゅうりは長さ半分にして千切りにする。

2 水でもどしたライスペーパーの手前に**1**をおき、一巻きしてから青じそをのせ、つつむ。

ライスペーパーをもどすにはフライパンが便利。水よりもぬるま湯の方がもどるのが早い。

やわらかさはこれくらい。もどしすぎるとつつみにくくなるので、ペーパーが折り曲がる程度の硬めの段階がよい。

ちくわできゅうりをはさむようにしてライスペーパーの中央におく。

巻き終わる手前で青じそをのせて仕上げる。

新食感！ ライスペーパーで温かいあんをつつみ、
ベトナムの蒸し春巻き風にアレンジしました。

えびとニラのとろーり生春巻き

材料
3個分

えび(中) ── 15g × 3尾
ニラ ── 1/2束
水 ── 150ml
日本酒 ── 大さじ1
しょうゆ ── 大さじ1/2
片栗粉 ── 小さじ2
ライスペーパー ── 3枚

[たれ]
しょうゆ ── 小さじ1
酢 ── 小さじ1/4
はちみつまたは砂糖
　　── 小さじ1/4
ごま油 ── 小さじ1

つくり方

1　ニラは長さ4cmに切る。たれの材料を混ぜておく。えびの背ワタをとる。

2　フライパンにえび、水、日本酒、しょうゆ、片栗粉を入れて強火で煮る。水分が半量ほどになったらニラを入れ、さらに水分を飛ばしてとろっとさせ、火を止める。

3　水でもどしたライスペーパーの中央に**2**をのせ、つつむ。最初にえびをのせてからニラとあんをかけるとやりやすい。

4　上下左右からタネをつつんだら、とじ目を下にして皿におく。春巻きの下にあんを流し入れるように盛りつける。折った面のライスペーパーを柔らかくするため、30秒そのまま待つ。上からたれをかける。

あんに水分があるため、ライスペーパーは硬めにもどす。

生春巻き 85

カットして盛りつけたい、断面の彩りがきれいな生春巻き。
シャキシャキした歯応えと、りんごの酸味がさわやか。

りんごとにんじんの生春巻き

材料

4本分

豚ひき肉 〜〜 50g
りんご 〜〜 1/4 個(梨でも可)
にんじん 〜〜 1/2 本
レタス 〜〜 2〜3枚(なくても可)
酢 〜〜 小さじ1
みりん 〜〜 大さじ1
しょうゆ 〜〜 大さじ1/2
ライスペーパー 〜〜 4枚

3種の具はそれぞれ同じくらいの量をつつむ。

つくり方

1 りんごとにんじんを千切りにする。りんごには変色防止のため酢をかけておく。

2 フライパンに豚ひき肉、みりん、しょうゆを入れて炒め、冷ます。

3 水でもどしたライスペーパーの中央に**1**と**2**をおき、つつむ。レタスを添えて盛りつける。

つつむ料理便利帖④

残った皮の使い方

皮が数枚残ったときにつくりたい！ひと手間加えておいしく食べきるレシピを紹介します。

カリッと揚げてスナックに

どの皮でもできる即席スナック。フライパンに油を高さ5mmほど入れて火にかけ、よく熱してから皮を入れてサッと揚げます。油を切って、塩、カレー粉、好みのスパイスなどをふりかけたらできあがり。春巻きなど大きいものはあらかじめ小さくカットして。

[おすすめの皮]
焼売の皮／餃子の皮／春巻きの皮／ワンタンの皮

麺がわりにスープに入れる

麺のかわりに使えるのも皮のいいところ。薄くて火の通りがいい焼売の皮やワンタンの皮がおすすめ。中華スープ、お吸い物、けんちん汁など、好きなスープに入れて煮るだけでボリュームアップ。細長く切って使うと食べやすいです。

[おすすめの皮]
焼売の皮／ワンタンの皮

揚げ焼きしてタコス風

多めの油でカリッと両面を焼いたら、炒めたひき肉や角切りのトマト、レタスなどをのせてトルティーヤのようにどうぞ。焼きたての皮の両端をつまんでそのまま冷ますと、本物のタコスのようなU字型になります。平らに仕上げてクラッカーがわりにも。ミニサイズでおつまみにもおすすめ。

[おすすめの皮]
餃子の皮

残りもの同士で簡単ミニピザ

餃子の皮、もしくは4分割した春巻きの皮にケチャップやマヨネーズなどを塗って、冷蔵庫にある野菜（なんでもOK）とチーズをのせ、うすく油をひいたフライパンで焼きます。フタをして野菜に火を通しつつ、チーズをとろりとさせたらできあがり。

[おすすめの皮]
餃子の皮／春巻きの皮

おつまみにも
サイコーーーー！
あえての皮残しも◎

「手づくり生地でつつむ料理」は、食べるのはもちろん、つくるのも大好き。以前仕事で福島県に行ったとき、地元のお母さんたちがつくってくれたおかずをみんなでいただきました。残ったものをふっくら生地につつんで「おやき」にしたら、とっても喜んでくださったのがうれしかったです。つつむって、心にもおいしいんですよね。

手づくりの皮
で つつむ

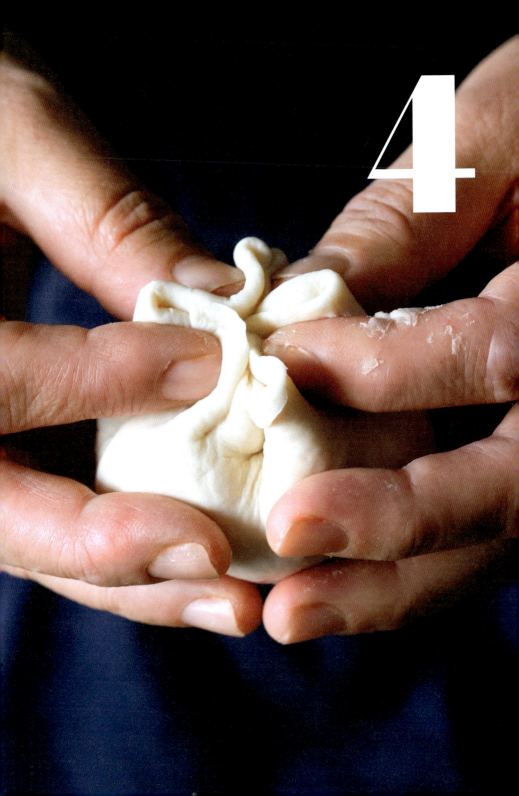

ふっくら生地

冷めてもやわらかいふっくら生地をつくりましょう！

ゆっくり発酵＆強力粉でもちもち
イーストの生地

材料
生地約160g

強力粉 —— 100g　　水 —— 60g
イースト —— 2g　　塩 —— 1つまみ

つくり方

1. すべての材料を大きなボウルに入れ、混ぜる。
2. よく練ってひとかたまりになったら布をかけて10分寝かせ、再度30秒ほど練ってからラップでしっかりとふたをする。
   ※ここで冷蔵庫に入れておくと、3日間ほどもつ
3. 30～60分ほど発酵させ（夏は30分、冬は60分が目安）、生地が2倍程度にふくらんだらできあがり。冷蔵庫に一晩入れてゆっくり発酵させてもよい。

発酵前

発酵後

BP 生地

発酵なし＆薄力粉でもつくれます！
ベーキングパウダーの生地

材料
薄力粉 —— 100g
水 —— 60g
ベーキングパウダー
　—— 小さじ1(3g)

つくり方
すべて材料を混ぜ、20分寝かせたらできあがり。

ふっくら生地　93

野菜たっぷりのジューシーなタネがおいしい！
ふかふかの皮でボリューム満点です。

肉まん

材料
3個分

ふっくら生地 〰〰 160g
豚ひき肉 〰〰 50g
にんじん
　　〰〰 50g（れんこん、たけのこでも可）
長ねぎ 〰〰 1/2本
生姜 〰〰 1/2片
片栗粉 〰〰 小さじ1
オイスターソース 〰〰 小さじ2
しょうゆ 〰〰 小さじ1
ごま油 〰〰 小さじ1

BP生地でもできる！

つくり方

1　にんじん、長ねぎ、生姜をみじん切りにする。

2　生地以外の材料をすべてボウルに入れ、混ぜる。

3　生地を3等分し、丸める。

4　3に2を1/3量のせ、口をとじる（つつみ方はP96〜97参照）。

5　沸騰した蒸し器に入れて、10分蒸す。

タネはボウルの中で3等分すると量にばらつきが出にくい。

ふっくら生地 95

初めてでも上手にできる！
肉まんのつつみ方

1 3等分にした生地を丸めて麺棒でのばし、直径11cmほどの円形にする。

2 つつみやすくするため、生地の端をうすくする。指先でつまんで押すとやりやすい。

3 中央にタネをのせ、指を使って四方からとじる。

4 端をまんなかに集めてねじる。

5 大きめに切ったクッキングシートに肉まんをのせ、蒸し器に入れる。

ふっくら生地　97

ピロシキ

カレーパン

ふっくら生地 99

ザワークラウトに見立てた千切りキャベツ入り。
ロシアでよく食べられている惣菜パンです。

ピロシキ

材料
3個分

ふっくら生地 —— 160g
牛ひき肉
　　—— 100g（あいびき肉でも可）
キャベツ —— 150g
玉ねぎ —— 50g
片栗粉 —— 大さじ1
しょうゆ —— 大さじ1
油 —— 小さじ2
塩 —— 小さじ1
粗びき胡椒 —— 適量

BP生地でもできる！

つくり方

1 キャベツを千切りにしてボウルに入れ、塩を混ぜる。20分ほどおいてしんなりさせる。玉ねぎはみじん切りにする。

2 フライパンに油、牛ひき肉、玉ねぎ、しょうゆ、胡椒、片栗粉を入れて炒める。火が通ったら冷ます。

3 **1**を手で絞って水をよく切り、**2**を混ぜ3等分にする〈a〉。

4 3等分にした生地を丸めて麺棒でのばし、直径11cmほどの円形にする。つつみやすくするため、生地の端をうすくする。中央に**3**をのせる〈b〉。

5 半月型に口をとじる〈c〉。

6 とじ目を下にして形を丸く整え〈d〉〈e〉〈f〉、クッキングシートの上において15分ほど休ませる。

7 フライパンに油を高さ3cm（分量外）ほど入れ、とじ目を下にして揚げる。ひっくり返しながら中火で表面に焼き色がつくまで揚げる。

＊とじ目を長めに揚げる。

ふっくら生地 101

カリッサクッの衣と、スパイシーなカレーが相性抜群！
カレーまんもつくれます。

カレーパン

材料
3個分

ふっくら生地 〜〜 160g
あいびき肉 〜〜 100g
玉ねぎ 〜〜 50g
カレー粉 〜〜 大さじ1と1/2
みそ 〜〜 大さじ1と1/2
ケチャップ 〜〜 大さじ1
ガラムマサラ
　〜〜 小さじ1（なくても可）
クミンシード
　〜〜 小さじ1/2（なくても可）
パン粉 〜〜 15g
卵 〜〜 1個

つくり方

1 玉ねぎはみじん切りにする。

2 フライパンに生地、パン粉、卵以外の材料をすべて入れ、炒める。火が通ったら冷ます。

3 3等分にした生地を丸めて麺棒でのばし、直径13cmほどの円形にする。つつみやすくするため、生地の端をうすくする。中央に**2**をのせる。

4 半月型に口をとじる。

5 とじ目を下にしてクッキングシートの上におき、20分ほど休ませる。

6 卵を溶き、表面に適量を塗ってパン粉をつける（略しても可）。

7 フライパンに油を高さ3cm（分量外）ほど入れ、とじ目を下にして揚げる。ひっくり返しながら中火で表面に焼き色がつくまで揚げる。

＊とじ目を長めに揚げる。

BP生地でもできる！

蒸し器で8分ほど蒸すと　カレーまんに

台湾で人気のスナックといえばこれ！
胡椒を効かせたスパイシーな揚げ焼きまんじゅうです。

胡椒餅

材料
3個分

ふっくら生地 —— 160g
豚ひき肉 —— 130g
長ねぎ —— 1/2本
ごま油 —— 小さじ2
片栗粉 —— 小さじ2
みりん —— 大さじ1
しょうゆ —— 大さじ1
日本酒 —— 大さじ1
粗びき胡椒 —— 小さじ1
白ごま —— 適量

BP生地でもできる！

つくり方

1 長ねぎはみじん切りにする。

2 ボウルに生地と白ごま以外の材料をすべて入れ、混ぜる。

3 3等分にした生地を丸めて麺棒でのばし、直径13cmほどの円形にする。つつみやすくするため、生地の端をうすくする。

4 中央にタネをのせ、半月型に口をとじる。

5 とじ目を下にして形を丸く整え、クッキングシートの上におく。表面に白ごまをつけ、20分ほど休ませる。

6 フライパンに油を小さじ2（分量外）入れ、とじ目を下にして中火で1分焼く。水100ml（分量外）を入れてふたをし、蒸し焼きにする。

7 水分がなくなったら裏返し、油を大さじ1（分量外）入れて焼き、両面に焼き色をつける。

ふっくら生地 105

3種のおやき　なす／かぼちゃ／切り干し大根

ふっくら生地 107

素朴でやさしい、なつかしい味。
長野県の郷土料理が手軽に家でつくれちゃうんです。

3種のおやき　なす／かぼちゃ／切り干し大根

あんの材料

[なす] 4個分
なす ── 1本
青じそ ── 4枚(バジル、生姜スライス4枚でも可)
みそ ── 大さじ1と1/2
みりん ── 大さじ1
砂糖 ── 小さじ1
油 ── 大さじ1

[かぼちゃ] 4個分
かぼちゃ ── 250g
みそ ── 大さじ1
きび砂糖 ── 大さじ1

[切り干し大根] 4個分
切り干し大根 ── 20g
にんじん ── 100g
油あげ ── 1枚
油 ── 大さじ1
みりん ── 大さじ2
しょうゆ ── 大さじ1と1/2
水 ── 300mℓ
(切り干し大根の戻し汁含む)

あんのつくり方

[なす]
1　なすは1cm角に切って水にさらしておく。青じそは粗くきざむ。
2　フライパンに油を入れ、ざるにあげて水気を切ったなすを入れて炒める。みそ、みりん、砂糖を加えてさらに炒め、なすに火が通ったら火を止める。青じそを加えて混ぜ、冷ます。

[かぼちゃ]
1　かぼちゃは1口サイズに切って皮を半分程度むく。耐熱容器に入れてふたをし、600Wのレンジで5分加熱する。
2　1にみそ、きび砂糖を入れてスプーンで混ぜながらざっくりつぶし、冷ます。

[切り干し大根]
1　切り干し大根は数時間水につけてもどし、長さ5cmに切る。にんじんと油あげは千切りにする。
2　フライパンに油、1を入れてさっと炒め、水を加えて切り干し大根が好みのかたさになるまで煮る。水分が少なくなったらみりんとしょうゆを入れて煮つめ、冷ます。

BP生地でもできる！

おやきの
つつみ方

材料
4個分

ふっくら生地 〜〜〜 160g

［ あんのいずれか ］
・なすあん 〜〜〜 4個分
・かぼちゃあん 〜〜〜 4個分
・切り干し大根あん 〜〜〜 4個分

つくり方

1　4等分にした生地を丸めて麺棒でのばし、直径14cmほどの円形にする。

2　中央に各種あんを1/4量のせ、口をとじ角を軽くおさえ、丸くととのえる（つつみ方はP96〜97参照）。

3　フライパンに油小さじ1（分量外）を入れ、とじ目を下にして中火で焼く〈a〉。水100ml（分量外）を入れてふたをし、蒸し焼きにする。

4　水分がなくなったら裏返し、油を大さじ1（分量外）入れて焼き、両面に焼き色をつける。

つつみやすくするため、生地の端をうすくする。指でつまんで押すとやりやすい。

中央にあんをのせ、指を使って四方からとじる。

ふっくら生地　109

ゆでても焼いてもおいしい
もちもち生地をつくりましょう！

もちもち生地

材料

生地約150g

薄力粉 〜〜 100g

水 〜〜 50g

つくり方

1 薄力粉と水をボウルに入れ、指先でざっくり混ぜ
たら手でこねる。

2 ひとまとめにして20分ほど寝かせる。

同じ生地ですいとんもできます！

『粉100水50でつくる すいとん』（当社刊）で
ご紹介した生地と同じなので、この生地です
いとんをつくることもできます。

中国で立春を祝って食べるごちそう。
香ばしい生地に肉みそが合います。

春餅

材料
6枚分

もちもち生地 —— 150g
豚ひき肉 —— 100g
えのき —— 100g(なすでも可)
きゅうり —— 1本
長ねぎ —— 1/2本
にんにく —— 1片
ねぎの葉 —— 適量(なくても可)
みそ —— 大さじ2
　(できれば色の濃いもの)
みりん —— 大さじ3
水 —— 50ml

つくり方

1 6等分にした生地を丸めて麺棒でのばし〈a〉、直径10cmほどの円形にする。フライパンをあたため、弱火で生地の色が変わり一部が白くなる程度に両面を焼く〈b〉。

2 えのきは長さ1cmに切る。にんにくとねぎの葉はみじん切り、きゅうりと長ねぎは千切りにする。

3 みそ、みりん、水を混ぜておく。

4 フライパンに豚ひき肉、にんにく、ねぎの葉を入れて炒め、**3**を入れて煮つめる。水分がなくなったらえのきを入れて混ぜ、火を止める。

5 **1**に**4**をのせ、きゅうりと長ねぎを巻く。

表面に気泡ができると火が通った合図。

もちもち生地

フレッシュな野菜のソースをつつんで食べる、メキシコのうす焼きパンです。

トルティーヤ

材料

3枚分

もちもち生地 〜〜 150g
豚ひき肉 〜〜 50g
トマトの中身（種の部分）
　　〜〜 小1個（大1/2個）分
ウスターソース 〜〜 大さじ1
ケチャップ 〜〜 大さじ1
にんにく 〜〜 1片
油 〜〜 小さじ2

［ソース］
トマトの実（中身をとった部分）
　　〜〜 小1個（大1/2個）分
ピーマン 〜〜 1個
玉ねぎ 〜〜 50g
塩 〜〜 小さじ1/2
酢またはレモン汁 〜〜 小さじ1
タバスコ 〜〜 適量（なくても可）

つくり方

1　3等分にした生地を丸めて麺棒でのばし、直径15cmほどの円形にする。フライパンを中火にかけ、焼き色がつく程度に両面を焼く。

2　トマトは半分にカットして中身をとり出し、別にしておく。実（中身を取った部分）は1cm角に切る。にんにくはすりおろす。ピーマンと玉ねぎはみじん切りにする。

3　ソースの材料をすべてボウルに入れ、混ぜておく。

4　フライパンに豚ひき肉、にんにく、油を入れて炒め、火が通ったらトマトの中身、ウスターソース、ケチャップを入れ混ぜる。

5　1に3と4をのせる。

＊スライスチーズ、レタス、アボカドなどを具に加えてもおいしい。

もちもち生地

きゅうりのシャキシャキと、
生地のつるっと食感が楽しいです。

きゅうりの水餃子

材料
1個あたり約20g、8個分

もちもち生地 〰〰 150g
豚ひき肉
　　〰〰 100g（鶏ももひき肉でも可）
きゅうり 〰〰 1本
生姜 〰〰 1/2片
塩 〰〰 2つまみ
みそ 〰〰 大さじ1
しょうゆ 〰〰 小さじ2

[たれ]
ねりごま 〰〰 大さじ1
しょうゆ 〰〰 小さじ1
にんにく 〰〰 少々
水 〰〰 大さじ1

〈a〉タネをつつむように中央にひだをつくり、両手の親指と人差し指の間で生地の端をぎゅっとはさみ、〈b〉端をうすくのばしてできあがり。

つくり方

1　きゅうりは長さ3cmの千切りにして塩をふり、10分ほどおいてから手でしぼって水をきる。生姜はみじん切りにする。ボウルにたれの材料を入れ、混ぜておく。

2　ボウルに生地とたれ以外の材料をすべて入れ、混ぜる。

3　8等分にした生地を丸めて麺棒でのばし、直径10cmほどの円形にする。

4　生地の中心に2をのせて半分に折り、端を合わせてひだをつくりながらつつむ。

5　沸騰した湯で3分ゆでて、ザルにあげ、たれを添える。

＊きゅうりを1本増やし、上からかける「追いきゅうり」もおすすめ。

もちもち生地　117

トマトの酸味を効かせたラビオリ風の食べ方が新鮮！

トマト煮水餃子

材料

1個あたり約16g、10個分

もちもち生地 ～～ 150g
豚ひき肉 ～～ 100g
玉ねぎ ～～ 50g
にんにく ～～ 1片
片栗粉 ～～ 大さじ1
しょうゆ ～～ 大さじ1

[ソース]
水 ～～ 200㎖
玉ねぎ ～～ 50g
オリーブ油 ～～ 大さじ1
トマト水煮缶 ～～ $\frac{1}{2}$缶
（トマトジュース200㎖でも可）

つくり方

1 玉ねぎはみじん切りにする。にんにくはすりおろす。

2 ボウルに生地以外の材料をすべて入れ、混ぜる。

3 10等分にした生地を丸めて麺棒でのばし、直径9㎝ほどの円形にする。中心に2をのせて半分に折り、端を合わせてひだをつくりながらつつむ（P117参照）。

4 フライパンにソースの材料をすべて入れ、ふつふつしたら3を入れ、たまにかき混ぜながら弱火で5分煮る。

＊仕上げにヨーグルトとディル、バジルを添えてもおいしい。

もちもち生地 119

小さな肉まん型の蒸し餃子。
じんわり味がしみた白菜もおいしい！

ネパール餃子 モモ

材料
6個分

もちもち生地 〜〜 150g
鶏ももひき肉
　　〜〜 100g（豚肉でも可）
玉ねぎ 〜〜 50g
青じそ 〜〜 4枚（パクチーでも可）
にんにく 〜〜 少々（なくても可）
カレー粉またはガラムマサラ
　　〜〜 小さじ1/2（なくても可）

[たれ]
トマト水煮缶 〜〜 1/2缶
にんにく 〜〜 少々
みそ 〜〜 小さじ2
カレー粉またはガラムマサラ
　　〜〜 小さじ1（なくても可）

白菜 〜〜 1〜2枚ほど（なくても可）

つくり方

1　玉ねぎはみじん切りにする。にんにくはすりおろす。たれの材料をすべて鍋に入れ、1分ほど煮る。

2　ボウルに生地とたれ以外の材料をすべて入れて混ぜ、6等分にする。

3　6等分にした生地を丸めて麺棒でのばし、直径10cmほどの円形にする。つつみやすくするため、生地の端をうすくする。

4　中央に2をのせ、肉まんと同様にして口をとじる（つつみ方はP96〜97参照）。

5　蒸し器に白菜かオーブンシートを敷いて、4を入れ、10分蒸す。

もちもち生地　121

米粉でつつむ

パリッとしたカレー風味の生地で
野菜をたっぷりサンドしたベトナム風お好み焼き。

バインセオ

材料
5枚分

米粉 —— 100g
片栗粉 —— 50g
水 —— 250㎖
油 —— 大さじ1
カレー粉 —— 小さじ1(なくても可)
豚バラスライス —— 80g(えびでも可)
もやし —— 1袋

ニラ —— 1/2束(万能ねぎでも可)
＊ニラ、青じそなど、火の通りやすい野菜なんでも
塩、胡椒 —— 各適量

[たれ]
レモンまたは酢 —— 大さじ2
はちみつまたはきび砂糖
　　 —— 大さじ1と小さじ1
しょうゆ —— 小さじ2
豆板醤 —— 小さじ1/2

つくり方

1. ボウルに米粉、片栗粉、水、油、カレー粉を入れてよく混ぜる。

2. フライパンに油(分量外)を入れて強火で熱し、**1**をおたま1杯弱入れる。フライパンを回しながら生地をうすくのばす。片面のみバリっと焼けたら、焼けた方を下にして器にのせる。

3. フライパンで一口大に切った豚バラ肉と野菜を炒め、塩、胡椒で味をつける。**2**にのせて半分にたたみ、レタスなど添えて盛りつける。混ぜ合わせたたれをかける。

つつむ料理便利帖⑤

つつむ料理をつつむ

つつむ料理は、差し入れやおもたせにもぴったりです。つつんであるので特別感があり、箱や袋に入れて持ち運びもしやすい。焼売など冷めてもおいしいものが多いのも、うれしいですね。

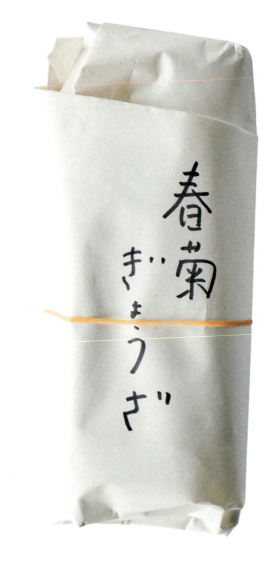

紙でくるんで気軽な手土産

餃子、肉まん、おやきなど、手づくりの「つつむファストフード」は、持ち歩きがしやすいメニューです。紙でくるんで輪ゴムやひもで止めれば、そのまま紙袋やバッグに入れても大丈夫。カジュアルな手土産に、簡単なお弁当にどうぞ。

木箱に入れておすましおもたせ

冷めてもおいしい焼売は、お重などに入れるとすてきなおもたせに。そのまま食卓に出せるのも便利ですよ。写真のようにいろんな種類を並べても、1種類でももちろんOK。中央にグリーンピースや枝豆、角切りにんじんをのせても楽しいですね。

つっつんで
つっつんで
つつまれて

たこ焼きの舟で風情ある差し入れ

100円ショップでも販売されている「舟皿」は、たこ焼き以外にも使える便利なアイテム。写真のように葉野菜やオーブンシートを敷いて1人分の生春巻きや餃子を盛れば、屋台のような1皿に。家に人を招くときにも、お呼ばれで持参するときにも、器入らずで重宝します。

125

手で「つつむ」から、
思いが伝わります

『つつむ料理』を手にとっていただきありがとうございます。
「つつむ」という言葉の持つやさしさやあたたかさが、
おいしい料理になってみなさんのところに届いていたらいいなと思います。

つつむときには手を使いますよね。
餃子をつつむのも、お弁当をつつむのも、贈りものをつつむのも同じ。
心を込めて、できるだけていねいに、手渡す誰かを想像しながら。
そう考えると、つつむ時間はその人を思う時間だといえるかもしれません。
だから私はお客さまに焼売をつくりたくなるのでしょうか。

回数を重ねて手になじむほど、
つつむ料理はあなたの自炊の味方になってくれると思います。
楽しくつくって、おいしくほおばってくださいね！

minokamo

みのかも
長尾明子

料理家、写真家。岐阜県美濃加茂市出身。東京のアトリエ、岐阜の祖母が暮らした古民家を拠点に活動。地のもの、季節のもの、身近にあるもので、楽しくおいしい日常を提案する。各地に根付く料理の調査をライフワークとし、郷土食を通して知恵や歴史も伝えている。自治体らと協力しながら、特産品を活かした商品、料理も数多く考案。地元、岐阜県で新聞連載を担当するほか、著書に『粉100水50でつくる　すいとん』(技術評論社)、『みそ味じゃないみそレシピ』(池田書店)、『料理旅から、ただいま』(風土社)などがある。

HP https://minokamo.info/
Instagram @minokamo

写真
福田喜一

ブックデザイン
小橋太郎(Yep)

スタイリング
minokamo

文・執筆補助
片田理恵

つつみ師助手
佐橋百々花

編集
秋山絵美(株式会社技術評論社)

つつむ料理
焼売／餃子／肉まん／おやき

2025年5月10日　初版　第1刷発行

著者　minokamo
発行人　片岡巌
発行所　株式会社技術評論社
　　　　東京都新宿区市谷左内町21-13
　　　　電話　03-3513-6150 販売促進部
　　　　　　　03-3513-6185 書籍編集部
印刷・製本　株式会社加藤文明社

◎定価はカバーに表示してあります。
◎本書の一部または全部を著作権法の定める範囲を超え、無断で複写、複製、転載、テープ化、ファイルに落とすことを禁じます。
造本には細心の注意を払っておりますが、万一、乱丁(ページの乱れ)や落丁(ページの抜け)がございましたら、小社販売促進部までお送りください。送料小社負担にてお取り替えいたします。

© 2025 minokamo
ISBN978-4-297-14844-7 C2077
Printed in Japan